Lucas Cranach

Richard Muther

Neuausgabe
2015

Lucas Cranach

Auf dem Augsburger Reichstag 1550 trafen zwei berühmte alte Herren zusammen: der 72-jahrige Tizian aus Venedig und der 78-jahrige „ehrenfeste, hochweise und fürtreffliche Herr Lucas Cranach, Bürgermeister und Maler aus der Churfürstlich-Sächsischen Hauptstadt Wittenberg". Welchen Eindruck machten sie auf einander? Was sagte wohl Tizian zu dem Bildnis, das Cranach von ihm malte? Was der Wittenberger Bürgermeister zu dem Bilde, in welchem Tizian Cranachs Herrn, den sächsischen Kurfürsten Johann Friedrich, darstellte? Für uns heute sind in den Namen Tizian und Cranach zwei Welten enthalten. Man denkt an Tizian, und der ganze Glanz der italienischen Renaissance umstrahlt uns. Ein Künstler steht da, der auf den Höhen des Lebens wandelt. Man denkt an Cranach, der zwar ebenfalls Hofmaler, gleichfalls geadelt war. Und man atmet die Stickluft der deutschen Bürgerstube, die dumpfe Atmosphäre mittelalterlichen Zunftwesens. Freies Weltbürgertum und spiessbürgerliche Enge; hohe Kunst und betriebsames Handwerk — davon sprechen uns die Namen Tizian und Cranach.

Die Geschichte unserer deutschen Kunst war eine grosse Elegie. Was für ein gewaltiges, unvergleichliches Schauspiel rollte schon im 15. Jahrhundert in Italien sich ab. Der Künstler erlebte dort Kunst. Denn er war von Schönheit umgeben. Menschen sah er um sich mit gymnastisch beweglichem, „geistvollem" Körper. Zu einem Volke sprach er, das ästhetisch geschult war, Kunst als Kunst zu verstehen. Der deutsche Maler, zur selben Zeit, war noch der Gehilfe des Religionslehrers. Erteilte er stramm und allgemeinverständlich seinen Unterricht, so erfüllte er alle Forderungen, die das Banausentum an ihn stellte. Gnädig ward neben dem ausbedungenen Preis noch der Frau Meisterin ein Trinkgeld bewilligt. Und was für verrückte, abenteuerliche Gestalten sah er um sich: diese Männer mit dem Harlekinskostüm und den schwerfälligen, wie steifgefrorenen Gliedern; diese Frauen mit der dicken Halskrause und dem armseligen, unter schwerem Korsettpanzer verkümmerten Leib. So erklärt sich die Sehnsucht nach Italien, die seit dem Beginn des Cinquecento unsere Besten erfasste. Sie wollten Schönes sehen, wollten den Kasten- und Philistergeist des Nordens vergessen, wollten ein paar Jahre wenigstens sich als Künstler fühlen. „O, wie wird mich nach der Sonnen frieren, hier bin ich ein Herr, daheim ein Schmarotzer". Diese Worte, die Dürer von Venedig nach Hause schrieb, enthalten die ganze Stimmung eines Künstlers, der in eine kunstlose Welt gesetzt ist. Und die Jah-

LUCAS CRANACH

re Dürers bedeuteten noch immer das „goldene Zeitalter" deutscher Kunst. Denn der Maler hatte sich jetzt wenigstens vom Spiessbürgertum frei gemacht, hatte in der Griffelkunst sich ein Mittel geschaffen, frei sich auszusprechen, aus dem engen Kreis der herkömmlichen „Aufträge" herauszutreten. Ein Publikum, das in gewissem Sinn künstlerische Qualitäten zu würdigen wusste, war herangezogen. Da kamen die Wirren der Reformation, und der mühsam bereitete Boden ward wieder unfruchtbar. Farblose kirchliche Streitigkeiten begannen die Geister zu beschäftigen. Auf die kirchlichen folgten die grossen politischen Kämpfe. Und es war aus mit der Kunst. Sie musste verdorren. „Es fiel ein Reif in der Frühlingsnacht."

Cranach lebte in diesem Wittenberg, auf das sich damals die Augen von Deutschland richteten. Noch bis zum Beginne des Jahrhunderts, als Cranach, von Gotha kommend, sich dort niederliess, war es ein elendes Landnest. Scheurl rühmt von der Stadt, dass sie „einer gesunden Luft sich erfreue, durch Gottes Schutz von jeder Pest befreit sei, und dass man mit acht Goldgulden jährlich leben könne". Die Universitätsgründung hatte viele gelehrte Herren dort vereinigt. Freudige Familienereignisse im ernestinischen Fürstenhaus gaben zu Tournieren, Rennen und Stechen Anlass. Sonst war es das Dorado des Stumpfsinns. Und auch später noch, als Luther Bewegung in das pfahlbürgerliche Stillleben brachte, als man am päpstlichen Hofe in Rom den barbarischen Namen des Städtchens aussprechen lernte, von dessen Dasein vorher niemand wusste, blieb Wittenberg der Typus der kleinen verknöcherten Residenz. Ein Weltmann wie Holbein wäre sicher nicht willens gewesen, hier sein Leben zu versimpeln. Es hätte ihn angeödet, dem bleiernen Mechanismus eines kleinbürgerlichen Gemeinwesens sich einzufügen. Cranach im Gegenteil fühlte sich wohl. Volle 46 Jahre, von 1504 bis 1550, hat Cranach in Wittenberg zugebracht. Es war sein Stolz, nicht nur als Künstler, auch als Staatsbürger eine Rolle zu spielen. Erst Stadtverordneter, dann Kämmerer des Rates, ward er später Bürgermeister. Die ganze Betriebsamkeit des kleinstädtischen Bourgeois kam über ihn. Dass er eine Druckerei errichtete, will noch wenig sagen. Denn Buchdruck und Graphik sind Geschwister. Doch das genügte ihm nicht. Er ward Apothekenbesitzer. Er verkaufte Zucker, verschenkte Weine. Seine Kunst ist das Spiegelbild dieses kleinstädtisch dumpfen, betriebsam nüchternen, pastorenhaft biederen Geistes.

Zunächst die Masse seiner graphischen Arbeiten. Derselbe Mann, der in seiner Jugend das „Wittenberger Heiligtumsbuch" zeichnete, —die Behältnisse all der ablassspendenden Reliquien, die der damals noch katholische Friedrich der Weise in der Wittenberger Stiftskirche vereinigte — illustrierte später das „Passional Christi und Antichristi", jene lutherische Streitschrift, die so boshaft das

Leben und Leiden Jesu in Gegensatz zu dem Wohlleben und der Hoffart seines irdischen Statthalters setzt. Auch die Illustrationen zu Luthers Bibelübersetzung und vielen andern Schriften des Reformators lieferte er —Werke, die, kirchengeschichtlich und bibliographisch interessant, doch künstlerisch nichts Beachtenswertes bieten. Mit Hilfe seiner „Knechte", ganz im Sinne mittelalterlichen Kunstbetriebs, stellt er die zahlreichen Altarwerke her, in denen er sich gleichfalls als so glaubensstarker Anhänger der neuen lutherischen Lehre zeigt. Und auch sie beweisen, wie wenig Nahrung der Protestantismus für die Kunst enthielt. Der Katholizismus appelliert an die Sinnlichkeit, an das Dunkel des Gefühlslebens. Musik und Weihrauch ruft er zu Hilfe, um auf die Nerven zu wirken. Der Protestantismus sucht Religion und Verstand in Einklang zu bringen. Seine Basis ist das Wort, die rationalistisch durchdachte Predigt. Diesen Gegensatz, auf künstlerisches Gebiet übertragen, repräsentieren Grünewald und Cranach. Grünewald, der Maler des katholischen Albrecht von Brandenburg, war der erste Maler der Gegenreformation. So klingt aus seinen Werken schon der Ton, auf den später die ganze Barockkunst gestimmt ward. Farbe und Licht sind die Elemente, in die ein aufgerütteltes Empfindungsleben gebannt ist. Aus nächtlichem Dunkel tauchen grellbeleuchtete Wesen auf. Grause Schmerzenswollust wechselt mit jubelnder Ekstase. Cranach, der Maler der Reformation, hält

Predigten. Die verschiedensten Gedankenketten schlingen sich vom einen Ende der Werke zum andern. Beischriften und Schriftbänder, wie in der gelehrten Dominikanerkunst des Mittelalters, müssen den Sinn der Erörterungen verdeutlichen. Und dass dieses gedankenhafte Element feinere Stimmungsreize nicht aufkommen lässt, ist nicht zu betonen. Cranachs theologische Traktate passen mit ihren trockenen Hausverstand in die kahlen, weissgetünchten, protestantischen Kirchen eben so gut, wie Grünewalds nervenerregende Lichtvisionen in die von Weihrauch, Chorgesang und Kerzenglanz durchströmten katholischen Dome.

Folgen die Bildnisse, in denen er die Männer verewigte, an deren Seite ihn das Schicksal stellte. Doch auch sie rufen lediglich das Bedauern wach, dass nicht ein Dürer oder Holbein in der Nähe weilte. Nach Lessings bekanntem Dictum kann ja kein Porträtmaler mehr in einen Kopf hineinlegen, als er in seinem eigenen hat. Und diese Fähigkeit, im Geist grosser Männer zu lesen, hat, wie es scheint, dem ehrenfesten Cranach gefehlt. Manchmal, wenn es um einfache Bürgersleute, um knorrig bäurische Gestalten sich handelt, gelingt ihm ein guter Wurf. Die Köpfe rotbäckiger vierschrötiger Bauernjungen hat er mit viel urwüchsiger Kraft gemalt. Aber Luther und Melanchthon! Zeigt nicht Dürers Kupferstich, dass es immerhin möglich war, im Magister Philipp mehr als einen verhungerten Dorfschulmeister zu sehen? Und wecken die Lutherbildnisse einen an-

Lucas Cranach

deren Gedanken, als den an den Doktor Luther, von dem die Studenten in Auerbachs Keller singen? Ein Interpret geistiger Grösse ist Cranach nicht gewesen. Er zeigt die grossen Männer im Wittenberger Lokalkolorit, nicht in ihrer zeitlosen Bedeutung; malt den Gevatter Luther, der in Wittenberg eine Pfarre verwaltete, nicht den Feuerkopf, dessen Hammerschläge Europa erbeben machten.

Und in solchen Bildern unzulänglich, wird er fast widerwärtig, wenn er den Hofmaler spielt. Denn Cranach war stolz auf dieses Amt. Die sächsischen Kurfürsten verwendeten ihn gern zu diplomatischen Missionen, um „mit ihrer Kunstliebe zu prunken". Es galt also dem Hoftitel Ehre zu machen. Es galt salonfähig zu erscheinen, gebildet und vornehm. Cranach mühte sich darum, zog sich Glacéhandschuhe an, studierte den Knigge. Doch ach, wie tritt gerade in diesen Werken seine künstlerische Unfähigkeit hervor. Dürer in seinen Eva- und Lucreziabildern gab den nackten Körpern rhythmische Bewegungen und plastische Rundung. Cranach bleibt flächenhaft. Lediglich Konturen sind mit zäher Ölfarbe ausgefüllt. Und sein Streben nach zierlichen Bewegungsmotiven veranlasst ihn zu Posen von unwiderstehlicher Komik. Es sind die Stellungen, wie sie linkisch eckige Bürgertöchter machen, wenn sie in der ersten Tanzstunde ihre Füsse in schnippische Menuettpositur bringen und mit der Hand das Röckchen kokett emporraffen. Die Überschrift der Lucreziabilder „Lucrezia hab Dank deiner

Ehr, jetzt ersticht sich keine mehr", zeigt gleichzeitig, durch welch billigen Witz er den Werken eine spiessbürgerlich - moralisierende Würze zu geben suchte. Und die Judithbilder — ist es nicht gleichfalls komisch, diese gut angezogenen schläfrigen Bürgertöchter mit dem roten Sammethut und der goldenen Kette zu sehen, wie sie in der einen Hand ein riesiges Schlachtschwert, in der andern einen Zinnteller mit einem abgeschlagenen Kopfe halten? Ist es nicht seltsam, dass derselbe Meister, der in seinen theologischen Traktaten als so bibelfester Moralprediger auftritt, in seinen „Buhlschaften" den „verfluchten Kerl" herauskehrt. Das Thema, wie eine verhutzelte Alte einen hübschen jungen Mann, ein zahnloser Mummelgreis eine frische Dame durch klingende Münze zur Liebe zu überreden sucht, ist ja nicht von Cranach erfunden. Es gehört zum eisernen Inventar der deutschen Kupferstecher des Quattrocento. Aber Cranach giebt dem überkommenen Stoff einen Beigeschmack geiler Lüsternheit, der in merkwürdigem Widerspruch zu der braven Philistermoral seiner übrigen Werke steht. So bliebe also aus dem reichen Lebenswerk Lucas Cranachs überhaupt nichts übrig?

Der vielbewunderte Meister, von dem Scheurl in seinem Nekrolog die Worte schrieb: „Alle Deutschen treten hinter dir zurück; die Italiener, sonst so ruhmsüchtig, bieten dir die Hand; die Franzosen begrüssen dich als ihren Meister" hatte nichts geschaffen, was die Fähigkeit hat, noch zu uns Menschen von heute zu reden? Er wäre lediglich der Schulmeister gewesen, den uns die öden Altarwerke, der Tanzmeister, den uns die Judithbilder, der Zotenreisser, den die Buhlschaften zeigen? Pastorenhaftes Salbatern, höfische Geziertheit und humorloser Witz — das wäre die Note von Cranach.

Nein, es bleibt trotzdem von Meister Lucas etwas Anderes. Ein Immortellenkranz ist um sein Haupt geschlungen. Denn Cranach war der deutscheste der Deutschen. Was seine Schwäche zu sein scheint, wird zum Vorzug, wenn man sich endlich entschliesst, jeden Vergleich mit fremder Kunst zu lassen, wenn man ihn lediglich als Produkt unserer heimatlichen Erde auffasst. „Italien, du schöne Buhlerin, unwiderstehlich sind deine Reize jedem deutschen Herzen, und unserer Besten mancher hat über dir seiner rechtmässigen Heimat vergessen, um sich fortan nur in deine Farben zu kleiden." Mit diesen Worten beginnt Thausing einen Abschnitt seines Dürerbuches und berührt damit eine für die Beurteilung des deutschen Kunstschaffens überaus wichtige Frage. Denn niemand wird leugnen, dass in formalen Dingen unseren Künstlern die Berührung mit Italien viel wichtige Anregungen brachte. Sie erwarben sich im Süden einen reineren Geschmack. Sie lernten bildmässig komponieren, lernten die Farbe meistern, wurden angeregt, den Bewegungsgesetzen des nackten Körpers nachzugehen, ihre ganze Kunst auf eine feste, wissenschaftlich bereitete

Grundlage zu stellen. Von gothischer Verzwicktheit zu stilvoller Schönheit — das war der Entwicklungsgang Albrecht Dürers, und seine „Vier Apostel" beweisen, dass monumentale Grösse sich sehr wohl mit deutscher Eigenart verträgt. Trotzdem lässt sich die Empfindung nicht ganz abweisen, dass durch den italienischen Einfluss, der seit dem Beginne des Cinquecento in immer höher steigenden Wellen sich geltend machte, auch gewisse entwickelungsfähige Keime, die im deutschen Boden geschlummert hatten, jählings erstickt wurden, dass das Streben, den Italienern es gleichzuthun, den Charakter unserer Künstler nivellierte, sie aus knorrig - selbständigen Querköpfen zu accentlosen Kosmopoliten machte. Der alte Holbein liefert dafür ein Beispiel. Gewiss, die Passionsbilder, die er in seiner Jugend malte, sind barbarisch und roh. Der Sebastiansaltar, mit dem er seine Thätigkeit abschloss, zeigt eine ruhige abgeklärte Schönheit. Aber im Streben nach dieser Schönheit musste er auf die hanebügene Kraft, auf das forsche Drauflosgehen verzichten, das bei aller Rohheit in seinen Jugendwerken so fesselt. Es ist, als hatte ein wilder Kerl sich ein Feiertagskleid angezogen, das ihn nun veranlasst, nur noch wohlabgemessene, würdevoll bedächtige Bewegungen zu machen. Oder man denke an Burgkmair. Seine Lebensarbeit zielte darauf ab, ein möglichst elegantes Italienisch sprechen zu lernen, und seine Eigenart besteht lediglich darin, dass, so fliessend er es spricht, doch der schwäbische Dialekt ihn manchmal zu einer falschen Vokabel, zu einer unromanischen Wendung verleitet. Oder die Schüler Dürers: Barthel Behain und Penz? Gewiss, man bewundert die Stilreinheit, zu der sie sich im Süden erhoben. Es muss deutschen Bären sehr schwer geworden sein, ein so künstliches Menuett zu erlernen. Doch um die Formschönheit der Romanen bemüht, gaben sie die eigene Persönlichkeit preis, wurden zu Planeten, die selbst nicht nicht leuchtend um die Sonne fremder Meister kreisten. Es gilt schon für diese Künstler, was später Schwind über Cornelius und Kaulbach schrieb: „Man muss malen, wie einem der Schnabel gewachsen ist. Insbesondere kann die Nachahmung der Italiener uns in der Regel nur unserem eigenen Wesen entfremden. Es schwankt jeder, der seine Muttersprache verlernt hat." Auch Cranach wurde von den Ideen der Renaissance berührt. Sein Sohn Hans, der lange in Italien weilte, mag ihm viel Wunderbares von all den herrlichen Bauten erzählt haben, die er im Süden sah. So hatte auch der Alte seine Freude an dem neuen ornamentalen Formenschatz, der damals über die Alpen nach Deutschland kam. Den bethlehemitischen Kindermord lässt er vor einer Art Triumphbogen spielen, auf dessen bunten Marmorquadern antike Statuetten stehen. Die heilige Sippe setzt er in eine Loggia mit reichen korinthischen Säulen und bringt in den Bogen Medallions nach Art derer an, die man auf den Bildern des Mantegna sieht. Jesus als Schmerzensmann steht vor einem prunkvollen Renaissancebau. Christus in der „Pieta" hat auf einem Marmorsarkophag Platz genommen. Arkaden mit Robbia-Reliefen bilden in der Messe des Gregor, in den Bildern des Augustin und Johannes den Hintergrund. Auch mit den formalen Bestrebungen seines Zeitalters berührt er sich darin, dass er in lebensgrossen Figuren gern dem Linienfluss nackter Körper nachgeht. Und einige Venusbilder beweisen, dass er von spröder Eckigkeit immer mehr zu weichem Wohllaut der Form gelangte. Doch im allgemeinen blieb das eine Lymphe, die sich nicht mit seinem Blute verband. In einer Zeit, als die Studienreise nach Italien anfing, für jeden deutschen Künstler conditio sine qua non zu werden, war Cranach fast der einzige, der diese Wallfahrt nicht machte. Kein anderer damals stand den Grossen des Auslandes so gleichgültig und verständnislos gegenüber. Kein anderer ging mit so dickfelliger germanischer Starrköpfigkeit seinen Weg. Und aus dieser Starrköpfigkeit erklären sich alle Mängel, die das romanisch geschulte Auge in seinen Werken stören. Irgendwelche „Schönheit" wird man in Cranachs Oeuvre vergeblich suchen. Namentlich in der Anordnung ist er hilflos wie ein Kind. Während die Andern nach harmonischer Gliederung ihrer Werke streben, herrscht in Cranachs vielfigurigen Bildern ein unglaublich wirres Gewutzel. Planlos, ganz wie der Zufall es ihm eingab, sind die Figuren über die Fläche verteilt. Auch als Maler des Nackten befriedigt er gewöhnlich kaum die beschei-

Lucas Cranach

densten Ansprüche. Es spricht aus seinen Werken nicht jenes ernste Aktstudium, wie es die Andern jener Tage betrieben, sondern er pinselt ganz schablonenhaft, ohne jedes tiefere Verständnis seine nackten Körper herunter. Noch weniger beunruhigen ihn koloristische Probleme. Während die andern sich um jene einheitliche Tonskala mühten, die den Werken der Venezianer ihren musikalischen Wohlklang giebt, hält Cranach, ganz im Sinne Michel Wohlgemuts, an einer harten unkultivierten Buntheit fest. Namentlich ein schrilles lautes Ziegelrot kehrt, jede ruhige Harmonie zerreissend, fast in allen seinen Werken wieder.

Schliesslich mangelt ihm sogar das Raumgefühl. Die Menschen sind nicht körperhaft in den Raum gesetzt, sondern sie scheinen aus Bilderbogen ausgeschnitten und auf einen flachen Theatervorhang gepappt. Doch nicht die Korrektheit macht den Künstler. Trotz aller Mängel möchte man Cranachs Werke nicht anders. Man hätte Furcht, es ginge ihnen der Stempel der Persönlichkeit, der feine Duft der Ursprünglichkeit verloren, den sie so, wie sie sind, in so anziehender Weise haben. Bei allen andern hat man das Gefühl, dass sie die eigenen Instinkte verleugneten, um einem fremden Schönheitskanon sich unterzuordnen. Cranach wirkt wie ein Naturbursche, der das, was er auf dem Herzen hat, frisch von der Leber weg sagt. Friedrich Schlegel definierte bekanntlich den deutschen Künstler mit den Worten: „Er habe entweder gar keinen Charakter oder er müsse den der altdeutschen Meister haben: treuherzig, spiessbürgerlich und ein wenig ungeschickt." Bei diesen Worten dachte er an Cranach. Man kann einem Vogel nicht beibringen, dass er nach künstlichem Takt, in anderer Tonleiter singt, als die Natur es ihm eingiebt. So darf man auch von Cranach nicht fordern, dass er ein anderer sein möchte, als sein Vaterland ihm zu sein erlaubte. Ein Künstler schwebt nicht in der Luft. Nur aus dem Boden, auf den das Schicksal ihn stellte, kann er den Duft seiner Werke saugen. Und denkt man an das Wittenberg von damals, an die Atmosphäre, in der er lebte, sucht man aus Geschichtswerken das Bild der Epoche sich aufzubauen, so fühlt man das Bodenwüchsige seiner Kunst, fühlt wie phrasenlos und schlicht er das niederschrieb, was sein scharfes Malerauge ihm zeigte, fühlt, dass Cranach die Physiognomie seines Zeitalters an unmittelbarsten, treuesten wiedergab.

Ich sagte vorhin, dass Cranachs Bildnissen die Grösse fehlt, dass sie grosse Männer zu Philistern machen. Die Frage ist aber: konnte er Grösse malen, wenn keine vorhanden war? Giebt nicht gerade die Note der Spiessbürgerlichkeit seinen Werken das Cachet der Echtheit? Was sind das für vorsündflutliche Gestalten, diese ernestinischen Fürsten: dieser Friedrich, der wegen seines Phlegmas der Weise genannt wird; diese Sibylle von Cleve-Berg, die alljährlich ihrem Gatten einen Koller mit der sittsamen Inschrift „Alles in Ehren" stickt; dieser Johann Friedrich, dessen Grossmut darin bestand, dass er während seiner Innsbrucker Gefangenschaft „alle Tage kleine Müntze für ein paar Thaler ungefehrlich in Papierlein wickeln und zur Seiten legen liess, welche seine Fürstliche Gnaden dann mit eigener Hand fremdten Wandersleuten, wenn sie deren ansichtig worden, zum Fenster hinab wurffen". Man denkt an Paulis „Schimpf und Ernst", denkt an die Memoiren des Hans von Schweinichen, wenn man von den unflätigen Saufereien liest, die auf den Jagdschlössern stattfanden. Thomas Theodor Heine könnte die Scene zeichnen, wie bei den Turnieren immer vier Knappen sich aufstellen mussten, um ihren fetten, schwerfälligen, aufgeschwemmten Herrn, der zum „Stechen" ausreiten wollte, auf das Pferd zu heben. Cranachs Bildnisse der sächsischen Kurfürsten sind also wahrer als diejenigen, die Dürer und Tizian von denselben Herrschaften malten. Denn Dürer legte in den Kopf des dicken Friedrich seine eigene Faustnatur, Tizian in den Kopf des grossmütigen Johann Friedrich seine eigene Vornehmheit hinein. Bei Cranach sind sie zum Wandeinrennen dumm. Er malte sie in ihrem ganzen Phlegma, ihrer ganzen Schläfrigkeit und alkoholisch - gichtischen Schwere; malte die Damen des Hofes in ihrer ganzen provinziell hausbackenen Bravheit. Es ist Serenissimusstimmung über die Bildnisse gebreitet. Der gute Landesvater und die liebe Landesmutter erscheinen ganz so, wie der loyale Bürger eines patriarchalisch regierten Duodezstädtchens sie sich denkt.

Auch die Figur des braven Kindelmann war, nach den Bildnissen der Hofschranzen zu schliessen, schon dem 16. Jahrhundert bekannt. Doch nicht nur seine Bildnisse, auch seine übrigen Werke geben diesen Eindruck der archivalischen Treue. Wenn die Kunst irgend eines Meisters, ist die Cranachs „Spiegel und Chronik" ihrer Zeit. Das Deutschland des Till Eulenspiegel, der Bauernkriege und der Wiedertäufer fand in ihm den genauesten Chronisten. Zu Freitags „Bildern aus der deutschen Vergangenheit" liefert er die dokumentarischen Belege. Der Deutsche muss ja in Cranachs Tagen ein seltsam verzwickter, derber, knorrig- struppiger Kerl gewesen sein. Man braucht nur die Holzschnitte der deutschen Kleinmeister in Births kulturgeschichtlichem Bilderbuch zu betrachten, da gewinnt man eine Vorstellung von der Zeit, als Hinkende, Bucklige, Blöde, Henker, Pilger, Gaukler und Quacksalber; Sackpfeifer, Ablassverkäufer und Wallfahrer; Schalksnarren, Landsknechte, Rattenfänger und Bärenhäuter unser Deutschland bevölkerten. Es herrschte in allem, auch in der Kleidung, die Vorliebe für das Affentheuerliche, Naupengeheuerliche, die Freude am Hanebügenen, Groben. Schwerfällig oder fahrig sind die Bewegungen, schrill, grell, idiotenhaft die Mienen. Philisterhaftigkeit mischt sich mit Roheit und verdrehtem, störrischem Eigensinn. Kerle mit holperigen Knieen, dicken Krampfadern und schwieligen Ellbogen schreiten wie steifgefrorene Hanswürste daher — eine Armee von Wahnsin-

Lucas Cranach

nigen, die die Erde ausgespieen. Bilder, die uns einen Begriff von diesem rüpelhaften, rappelköpfischen und doch so urwüchsigen Deutschland der Reformationszeit vermitteln, giebt es wenige. Nur aus der früheren Zeit haben wir die Werke des alten Holbein mit ihrer kannibalischen Freude am Schinden und Raufen, an groteskem, zerlumptem, barockem Gesindel. Später ging das Streben der Künstler nach Vornehmheit. Dürer bedauerte, dass er in seiner Jugend die krausen, holperigen Gestalten viel zu sehr geliebt habe. Und alle Jüngeren, die ihm folgten, mühten sich urn anmutige, geschmeidige Eleganz. Cranach als einziger blieb der kernige, eckig hanebügene Deutsche. Lebte er heute, so würde er ein Bauernmaler sonder gleichen sein. Zeugnis ist das Fuhrmannsbild in der Gottesackerkirche in Grimma: mit dem Bauer, der seine Peitsche schwingt, und dem Leiterwagen, der schwer über den staubigen Feldweg rumpelt. Zeugnis ist ein zweites Bild des nämlichen Cyklus: die vierschrötigen Arbeiter, die mit Getreidesäcken hantieren. Und diese Freude am knorrigen, derb bäurischen giebt auch seinen Bibelbildern ihren herben, würzigen Reiz. Wir haben uns ja gewöhnt, die Gestalten der Bibel mit den Augen Rafaels zu betrachten. Christus ist uns der schöne Olympier, Paulus der mantelumwallte griechische Philosoph. Der Idealismus hat uns den Sinn für das Ungeschminkte, der Pomp der Linie die Freude an der Wahrheit genommen. So werden die Bibelbilder Cranachs zunächst als unedel und roh empfunden. Denn sein Christus ist eine Jammergestalt, ein geschundener armer Schnorrer. Seine Maria bei der Grablegung wischt sich mit der dicken blauen Schürze wie eine stumpfsinnige alte Bäuerin die Augen. Oder dieser Petrus, dem Christus die grossen, plumpen, staubigen Füsse wäscht? Dieser Johannes, der auf dem Ölberg schnarcht wie ein Bauer, der auf seinem Kartoffelsack einschlief. Weiter die Rohheiten bei der Leidensgeschichte. Fusstritte wechseln da mit gemeinen Schimpfworten und sakrischen Flüchen. Ein Kerl tritt den Heiland mit seinem schweren, nagelbeschlagenen Stiefel in den Bauch, ein zweiter stösst ihn mit dem Lanzenschaft ins Genick. Und die Zuschauer freuen sich darüber. Einer windet sich von Lachen, ein anderer dicker, kleiner, bösartiger Kobold sperrt Maul und Nase auf, um alles zu sehen. Gewiss, für zartbesaitete Gemüter ist das nicht. Die griechischen Thermen waren schöner als der nazarenische Schindanger. Doch daran hat nicht Cranach, sondern der Geist des Christentums die Schuld. „Die unglückseligen Künstler, was mussten sie malen: entweder Missethäter oder Verzückte, Verbrecher oder Narren." So hat Goethe bekanntlich über die christliche Kunst geschrieben. Cranach schildert die Dinge mit nüchterner Sachlichkeit. Mag er Anastasius darstellen, dem dicke Nägel in die Hirnschale getrieben werden, oder Bartholomäus, der seine abgezogene Haut wie ein Kuhfell hält — er verarbeitet strikt die Legende. Und merkt man ihm zuweilen die Freude an, die ihm diese unflätigen Rüpeleien machen, so äussert sich darin auch nur die liebe deutsche Lust am Raufen, Keilen, Gläserzerbrechen und Prügeln. Nicht mehr aus den knickebeinigen Spitalern und rabiaten Zuchthäuslern, die auf den Passionsbildern des alten Holbein ihr Wesen treiben, setzen seine Werke sich zusammen. Es lebt in ihnen, möchte man sagen, mehr der deutsche Schutzmann, der gewesene Unteroffizier, der, wie vorher an Rekruten, nun an den armen Civilisten seine Berserkerwut, seine bestialischen Instinkte auslässt. Christus in seiner braunen Kutte sieht wie Wilhelm Dieffenbach aus, wie ein verbohrter, unter Polizeiaufsicht gestellter Vegetarianer, in dem „eine Schraube los ist". Gendarmen führen unter Puffen und Stössen das staatsgefährliche Subjekt vor die hohe Obrigkeit. In einem deutschen Amtsgericht gehen die Verhandlungen vor sich. Und was sind das alles für verzwickte, seltsam deutsche Gestalten, die den Zuschauerraum füllen. Man weiss, was für ein rauher, harter, knochiger Menschenschlag sich auf den Bildern Eduard von Gebhardts bewegt. Man kennt all die Vagabunden, Buschklepper, Kupplerinnen, Zuhälter und Trödler, die feisten Bettelmönche, und verhungerten Schulmeister, die rotnäsigen Weinschwelge und dicken Würstelkrämer, die in den Werken von Hendrik Leys und Hans Schwaiger vorkommen. Für alle diese Meister war Cranach die hauptsächlichste Quelle. Mag es um Landsknechte, Nachtwächter, Pfeifer und Trommler, um fette Pastoren oder strenge Richter sich handeln — jede Gestalt ist ein Charakter von starrer, strammer Härte. Er schildert das Evangelium im deutschen Bauernstil. Seine Apostel sind wirklich Arbeiter und Fischer, mit schwieligen, plumpen Händen und wetterharten, durchfurchten Gesichtern. Sein Petrus ist kein Heros, sondern der gutmütige, alte Pförtner des Himmels, zu dem das deutsche Volkslied ihn machte. In seinen Schächern hat er Verbrechertypen geschaffen, die an die Strolche Hans Baluscheks, oder an Oberländers fideles Gefängnis mahnen. Es sind die nämlichen Kerle, wie sie die Polizei noch heute auffischt, wenn sie Razzia in den Spelunken der Vorstädte hält. Und welch anheimelnden Stumpfsinn haben all jene andern, die sich in Verehrung um den Heiland scharen. Man sehe, mit welch ungeschickter Reverenz der Bauer auf der Anbetung der Hirten seinen speckigen, abgegriffenen Filzhut lüftet, sehe die salbaternde Frau Gevatterin, die bei der Kreuzigung die Maria tröstet, sehe die vertrottelten, gescherten Kerle mit ihren Zipfelmützen und dicken Knütteln, die bei der Geburt des Christkindes in so atemloser Steifbeinigkeit nahen. Es lebt in Cranachs Bildern der Bauer von einst und der Bauer von heute: der Mensch mit den spindeldürren Beinen und den schweren Nagelschuhen, der Mensch mit den Bartstoppeln, die acht Tage alt sind, und den ungelenken, von der Gicht krummgebogenen Fingern; der Mensch, der das Fenster seiner Stube nie öffnet und seine dicke, verschwitzte Wintermütze auch im Sommer trägt, der rülpsende, grunsende, spuckende, schnupfende, stinkende Kumpan, dem wir in den Reimchroniken jener Jahre und heute in den Eisenbahnwagen vierter Klasse begegnen. Doch nicht nur das Deutschland mit seinen Rüpelmanieren, auch das Deutschland mit seiner Zartheit, seiner liebenswürdigen Kleinstädterei lernt man kennen. Es werden Stimmungen lebendig, wie wir als Kinder sie hatten, wenn wir in der Dämmerstunde den Erzählungen der Grossmutter lauschten. Es leben die Jahre auf, als wir mit dem Ranzen zur Schule gingen und der Religionslehrer uns von Adam und Eva, von Abraham und Isaak sprach. Cranach und die Italiener — das bedeutet zwei Welten. Denn Michelangelo in der sixtinischen Kapelle malte Gottvater als das Fatum, als den Weltenschöpfer, der durch den Äther kreist. Cranach in seinem Wiener Bilde zeigt ihn als lieben Gott, als den freundlichen Grosspapa, wie wir als Kinder ihn dachten. Herzlich nimmt er die beiden Menschlein bei der Hand, zeigt ihnen das wunderherrliche Stück Erde, auf dem sie wohnen dürfen, wenn sie reine, keusche Menschlein bleiben. Und mit aufgesperrtem Mund, dumm wie Ölgötzen, lauschen sie den Worten des gütigen Mahners. — Malen die Italiener eine Bathseba, so ist sie ein üppiges, nacktes Weib. Denn schliesslich muss sie doch nackt sein, um die Aufmerksamkeit Davids zu erregen. Doch im Deutschland Cranachs war kein Vollbad, im besten Falle ein Fussbad üblich. So bringt die Cranachsche Bathseba es fertig, allein durch den Reiz ihrer frischgewaschenen Füsschen unlautere Gedanken im Kopf Seiner biblischen Majestät zu entfachen.

Weiter das Deutschland mit seinem Kindersegen, mit seiner Spinnstubenstimmung, seinen Damenkränzchen. Ich entsinne mich eines alten Lehrers, der jedesmal, wenn er in die Schulstube trat, das Fenster öffnete mit den Worten: Jungens, Jungens, hier riecht's nach Jungens. Auch die Werke Cranachs riechen nach Kinderfleisch. Die heilige Sippe ist ein Thema, dem man fast nur in der deutschen Kunst begegnet. Indem die Maler die Verwandtschaft Marias schilderten, malten sie gleichzeitig eine deutsche Spinnstube: Gevatterinnen und Nachbarinnen, die von ihren Sprösslingen begleitet beim Kaffeeklatsch sitzen. Bei Cranach sieht man ein Baby, das an der Mutterbrust saugt, ein anderes, das auf ein Hundchen steigt, zahlreiche ältere, die allerhand Schabernak treiben. Und eine ähnliche Kinderstubenstimmung ist über viele andere Werke gebreitet. Der bethlehemitische Kindermord geht zwar auf einem Marktplatz vor sich. Trotzdem denkt man an eine mufferige, enge Stube, wo kleine Kinder am Sonnabend gebadet werden und schmutzige Windeln am Ofen trocknen. Wo es irgendwie angeht, bringt Cranach solche naseweisen, talkigen Kinder an. Wie Vogelschwärme umflattern sie Gottvater und den zum Himmel fahrenden Heiland. Wie Kaulquappen oder Seerobben lagern sie sich auf dem Abhang des Berges, um neugierig der Anbetung des Christkindes zuzuschauen. Salbaternd drängen sie sich bei der Pieta an den Heiland heran. Oder bei der Flucht nach Ägypten falten sie mit so putzigem Ernst die Hände, als ob sie das Verslein sprachen: ich bin klein, mein Herz ist rein, soll niemand drinnen wohnen, als Gott allein. Von den eleganten Putten der Italiener sind diese Cranachschen Engelchen so verschieden wie möglich. Desto mehr ähneln sie Bauernkindern, die sich Gänseflügel auf den Rücken gebunden haben. Und die Mandorlen wirken, als käme ein Zug kleiner Kinder daher mit jenen Luftballons, die auf der Oktoberfestwiese verkauft werden.

„Muttersprache, Mutterlaut, wie so wonnig, wie so traut." An diese Verse denkt man auch — halb spöttisch, halb gerührt — wenn man in italienischen Galerieen unvermutet auf eine Cranachsche Madonna stösst. Man wähnt sich in die Heimat versetzt, glaubt ein deutsches Volkslied zu hören. Ohne dass man sagen könnte, warum. Denn äusserlich unterscheiden sich die Cranachschen Madonnen kaum von denen der italienischen Meister. Eine junge Frau hat ein Baby auf dem Schoss. Das Baby hält eine Weintraube, umhalst die Mutter, lächelt den kleinen Johannes an. Dieses Motiv kommt bei Perugino und Bellini ebenso häufig wie bei Cranach vor, und es ist nur ein nebensächlicher Unterschied, dass über den italienischen Bildern oft ein Baum mit tiefglühenden Orangen, über den deutschen ein Baum mit rotbackigen Äpfeln sich wölbt. Auch das Blondhaarige haben die italienischen Madonnen mit den deutschen gemein. Sie werden blond gemalt, teils weil in einem Lande, wo das Brünette überwog, das blonde Haar seiner Seltenheit halber geschätzt war, teils weil es die Sanftmut und Milde Marias ausdrücken sollte. Trotzdem!

> Singe, sprach die Römerin,
> und ich sang zum Norden hin:
> Nur in Deutschland, ja nur in Deutschland.
> Da soll mein Schätzlein wohnen.

In diesen Worten des Studentenliedes ist gesagt, worin für uns der Zauber dieser Marien liegt. Nicht alle haben sie ihn. Bei Bildern, in denen Maria als Himmelskönigin auf dem Halbmond thront, liegt das Anheimelnde nur in dem Gegensatz, in dem die glitzernde Königskrone zu dem schüchtern befangenen Wesen des Mädchens steht. Ein einziges Mal mauschelt er auch, stellt Maria als brunette Jüdin, das Christkind als einen klugen Judenbub dar, der das Ringlein an den Finger Katharinas steckt. Doch solche Dinge sind Ausnahmen. Lieb und vertraut sind uns seine Marien deshalb, weil sie eine so altväterisch herzliche, gemütliche Biedermaierstimmung haben. Ist die Geburt des Christkindes gemalt, so denkt man an unsere nordischen

Lucas Cranach 25

Bauernhäuser, wo in der grossen Diele die Menschen ungetrennt von den Kühen, Schweinen und Hühnern hausen. Josef, der ja überhaupt in der biblischen Geschichte eine so wenig beneidenswerte Rolle spielt, ist bei Cranach ein guter komischer Menelaus.

> Joseph bei der Krippen sass,
> Bis dass er schier erfroren was.
> Joseph der zog sein Höslein aus
> Und macht dem Kindlein zwei Windelein draus.

So heisst es im Volkslied und so ist er bei Cranach. Brummig und halb geärgert bringt er die alte schlecht brennende Kerze in Ordnung, damit die Bauern, die zur Begrüssung gekommen, das kleine Wunder, an dem er unschuldig ist, anstaunen können. Und es ist wirklich ein Wunder. Denn Cranach ist ein Kindermaler sonder gleichen. Nie zeigt er den Gottessohn, der schon auf dem Arm der Mutter sich als Kronprinz des Himmels fühlt. Er zeigt das liebe Jesulein des Volksliedes, den kleinen Kerl, der seine Fusszehen in den Mund steckt und die Windeln beschmutzt. Ebenso ins Irdische übersetzt, eine einfache Kleinstädterin ist Maria. Alle eigentliche Schönheit, alles Interessante, Pikante, Temperamentvolle fehlt ihr. Zu ihren italienischen Schwestern verhält sie sich ähnlich wie die Frau Gräfin von Gleichen zu der warmblütigen Orientalin, die ihr Herr Gemahl aus dein heiligen Lande mitbrachte. Aber keusch und schlicht ist sie, sinnig und treu. Es liegt etwas herzerwärmendes in dem mütterlichen Blick, den sie aus ihren wasserblauen Augen auf ihr niedliches Baby richtet. Zu diesen wasserblauen Augen stimmt das asch- oder semmelblonde Haar. Nie trägt sie einen Heiligenschein, hat auch nicht die kokette Coiffüre, die mondäne Eleganz ihrer italienischen Schwestern. Während den italienischen Malern von damals das Frauenhaar eine Quelle immer neuer Inspirationen ist, mag es in weicher Wellenlinie die Stirn umsäumen oder fein an den Schläfen sich kräuseln oder in dichter Fülle in den Nacken herniederwogen, denkt man bei Cranach immer an die deutsche Provinzlerin, die ihren Kamm, früh wenn sie Toilette macht, in Wasser taucht und sich Abends eine Nachtmütze aufsetzt, damit die Lockenwickel halten. Und in dieses semmelblonde breitausgekämmte Haar hat sie nun ein schmales schwarzes Sammetband geschlungen oder einen dünnen Schleier darübergebreitet, vielleicht auch ein selbstgesticktes Häubchen daraufgesetzt. Es ist alles spiessbürgerlich, alles unsäglich kleinstädtisch. Und doch wie lieb. Luther gab die Botschaft der Verkündigung: Ave Maria gratia plena mit den Worten wieder: Sei gegrüsst, du liebe Marie. Die schlichte Herzlichkeit dieser Worte atmen auch die Marienbilder Cranachs. Immer fühlt man, dass diese Hand am Samstag ihren Besen führt. Stets ist Maria die geplagte Hausfrau, die eigentlich gar keine Zeit hat, so müssig, dazusitzen. Gleichwohl strahlt sie vor Glück, weil ihr hübsches Baby so umschwärmt wird. Ja, ihr Mutterstolz ist so gross, dass sie nicht einmal böse wird, wenn sie ein warmes Nass auf ihrem Sonntagskleid fühlt. Ganz ebenso deutsch wie Maria, muten all die zierlichen kleinen Mädchen an, die ihr als Begleiterinnen gesellt sind. Es giebt ja gute und böse Mädchen. Selbst in dem ehrbaren Wittenberg muss es böse Mädchen gegeben haben. So scheiden Cranachs Mädchentypen sich in diese beiden Kategorien. Man denkt an die Verse des Liedes:

> Es waren mal zwei Schwestern,
> Ich weiss es noch wie gestern.
> Die eine, namens Adelheid,
> War stolz und voller Eitelkeit.
> Die andre die hiess Käthchen
> Und war ein braves Mädchen,
> Die Adelheid trank roten Wein,
> Dem Käthchen schenkt sie Wasser ein.

Die bösen Mädchen sind bei Cranach überaus putzsüchtig. Mit dicken Ringen haben sie ihre Finger bespickt. Schwere goldene Ketten baumeln um Hals und Brust. Einen grossen roten Sammethut haben sie unternehmend sich aufgesetzt, wie ihn eigentlich nur Kokotten tragen. Und mit ihren schwarzumränderten Augen blinzeln sie so vielsagend, mit ihrem roten Mündchen lächeln sie so schnippisch, wie es eigentlich auch nur Kokotten dürfen. Das sind die Sünderinnen, die in den Judithbildern ihre halsabschneidende Kraft bewahren oder in den „Buhlschaften" dem liebebedürftigen alten Herrn, der sie umhalsen möchte, meuchlings das Geld aus der Tasche stehlen. Manchmal scheinen sich sogar grossstädtische Demimondänen in das stille Wittenberg verirrt zu haben. Denn die Dame, die ein Aschaffenburger Bild als heilige Magdalena vorführt, rafft ihr schweres Seidenkleid mit so aparter Geste empor und zeigt ihre weissen Unterkleider so kokett, dass man meint, der ehrbare Cranach habe eine Illustration für das Journal amusant beabsichtigt. Doch Gott sei Dank, solche schönen Hexen kamen in das abgelegene Wittenberg selten. Cranach malte einmal — für die Kirche in Grimma — ein Bild, wie „der reiche Jüngling Nikolaus drei arme Mädchen vor einem Leben in Schande bewahrt". Und die guten Wittenberger Patriziertöchterlein waren alle so brav und wohlerzogen, dass sie eines Vereins zum Schutze alleinreisender Mädchen überhaupt nicht bedurften.

O ihr herzigen kleinen deutschen Mädchen, wie hat man euch lieb trotz aller Langweile, die ihr ausströmt. Es ist so dumm, dass auf diesen Heiligenscheinen die pompöse Inschrift Sancta Catharina, Sancta Dorothea, Sancta Barbara steht. Denn man kann so brave Backfische nur Käthchen,

Dortchen und Bärbelchen nennen. Man muss es obendrein noch in sächsischem Tonfall aussprechen. Man denkt an das Ballgespräch: Kennen Sie Ibsen? Nein, wie macht man denn das? Doch gerade diese Gänseblümchenschönheit hat etwas rührend Bezauberndes. Auch die Ehrendamen, wie die Madonna, tragen gewöhnlich ihr semmelblondes Haar breit ausgekämmt und sehen dann aus wie die Firmlinge, die am Ostersonntag in weissen Kleidchen, das Gesangbuch in der Hand, schüchtern, frisch gewaschen zum Abendmahl gehen. Das Grübchen im Kinn, das Stumpfnäschen, die spärlichen Augenbrauen steigern noch den Eindruck bescheiden kindlicher Sanftmut. Und wie schonen sie ihr gutes Kleid. Welche Qual muss es sein, überhaupt dieses Kleid zu tragen. Es ist doch grausam, dass die kleinen Brüste in ein so hohes Mieder gepresst sind. Es ist zwar anständig, aber hygienisch nicht ratsam, sechs oder sieben Unterröcke über einander zu tragen. Und diese schweren Kleider sind obendrein mit dem ganzen Familienbesitz an Schmucksachen und Geburtstagsgeschenken behängt. An einer schmalen Goldkette funkelt ein sinniges Medaillon. Sind die Haare, wie es manchmal vorkommt, in dicken Stefanie-Flechten um den Kopf gelegt, so lastet darüber noch ein silbergesticktes Häubchen. Auch Vergissmeinnicht und weisse Rosen, Federn und Glasperlen sind an möglichst unpassender Stelle in das Haar gesteckt. Die weisse Schürze, die sie als fleissige Aschenbrödel tragen, legen sie auch als Heilige nicht ab. Sammetbänder mit geschmackloser Stickerei und goldgestickte Borden, die sie als brave Mädchen selber anfertigten, zieren Hals und Kleid. Manchmal zeigen sie infolge des Stubenlebens, zu dem sie verurteilt sind, auch schon Neigung zum Enbonpoint. Einen dicken Fettansatz hat das Kinn. Speckig rot sind die Finger, die sie behäbig über den Magen legen. Sanct Ursula sieht dann wie eine Fleischerstochter aus, die täglich zum Frühstück Würstchen mit Sauerkraut isst. Doch der Sinn für Goldschnittlyrik, die Freude an Gartenlaubenromanen ist ihr trotz dieser prosaischen Neigungen geblieben. Namentlich in dem Bilde der heiligen Barbara hat Cranach einen Ewigkeitstypus geschaffen. Das ist das deutsche Mädchen, sinnig und minnig, nicht sehr geistvoll, ohne viel Temperament, nicht in Leidenschaft erglühend, aber lieb, brav und freundlich, durch ihre Anwesenheit, ihre stille Güte erwärmend; das deutsche Mädchen, das ihrem Verlobten selbstgestickte Hausschuhe zum Geburtstag schenkt und mit „Schmücke dein Heim - Kunst" sich beschäftigt; das deutsche Mädchen, das in der Küche Bescheid weiss und Poesieen im Stammbuch sammelt; das die gute Stube schön rein hält, das „Lied an die Jungfrau" spielt und abends im Mondschein träumt. Es ist Kalbsbraten, aber Kalbsbraten mit Lyrik. Vergissmeinnichtstimmung-, etwas wie der Duft von blühenden Linden ist über Bilder der Art gebreitet. Cranachs junge Mädchen sind die Urgrossmütter derer, die bei dem freundlichen Ludwig Richter zur Dämmerstunde mit dem Liebsten im Arm sittsam durchs Kornfeld wandeln.

Allegorische und mythologische Scenen geben ihnen auch Anlass, nackt ihr zierliches Körperchen zu zeigen. Wahrscheinlich rührt ja der Jungbrunnen, das wunderherrliche Bild der Berliner Galerie mit den verhutzelten alten Weibern, die auf der einen Seite auf Schubkarren nach dem Wasserbecken gefahren werden und auf der andern, nachdem sie eine Zeitlang in der Flut geplätschert, als niedliche Jüngferchen ans Ufer steigen, nicht vom alten, sondern vom jüngeren Cranach her. Auch von den mythologischen Bildern, an die man vorzugsweise denkt, wenn Cranachs Name genannt wird, werden neuerdings manche seinem Sohne Hans überwiesen, der 1537 in Bologna starb. Doch selbst wenn das richtig ist, geht daraus nur hervor, dass die Söhne mit Talent ihrem Vater folgten. Der alte als erster stellte die Themen fest. Nächst Dürer war er der erste, der den Gestalten der alten Märchenwelt Bürgerrecht in der deutschen Kunst verlieh.

Es ist ja interessant zu verfolgen, wie die Antike ihren Einzug in die deutsche Geisterwelt hielt. In den Volksbüchern des 15. Jahrhunderts sind die ersten Spuren zu finden. Schon als „Blockbuch" wurde ein kleiner Bädeker für die nach Rom wallfahrenden Pilger veröffentlicht, worin von Romulus und Remus, von Marcus Curtius und anderen Helden des alten Rom erzählt wird. Dann nach Erfindung der Buchdruckerkunst erschienen deutsche Bearbeitungen der verschiedensten alten Stoffe. Man las die „schöne Historia, wie Troja die köstliche Stadt zerstöret ward", las Äsops Fabeln, las die Geschichte Alexanders des Grossen. Und es ist bekannt, wie abenteuerlich in allen diesen Büchern die Antike aufgeputzt ist. Ameisen, gross wie Füchse, die in Indien das Gold aus den Minen ziehen, Thiere mit Menschengesichtern, Quellen, die flüssiges Gold ausströmen, goldene Bäume mit künstlichen Vögeln; Greifen und Schwanenjungfrauen, Riesen und Zwerge, Meerweiber und Meermänner, Missgeburten und Kobolde — das sind die stets wiederkehrenden Dinge. Die Antike hat sich vollständig mit dem deutschen Märchen vermischt. Am Schlusse des 15. Jahrhunderts blickte man dann in die Welt des italienischen Humanismus hinein. Sebastian Brant, der Verfasser des Narrenschiffes, war der wissenschaftliche Berater bei der Illustration der ersten Klassikerausgaben, die in Deutschland erschienen. Dürer lernte die Kupferstiche des Mantegna kennen, malte den Herkules, der die stymphalischen Vögel erlegt, zeichnete den Raub der Amymone, den Raub der Proserpina und all jene andern vom Zauberhauch des Märchens umwitterten Blätter, in denen so merkwürdig der klare Geist des Hellenentums sich mit nordischer Nebelstimmung eint. Auch Cranach, obwohl er nicht nach Italien kann, wurde mit den Gedanken des Humanismus vertraut. Denn Jacopo de Barbari, der in Nürnberg Dürer so imponierte, hat auch in Wittenberg geweilt, hat mit Cranach zusammen Wandbilder in den kurfürstlichen Schlössern gemalt. Und die Universitätsprofessoren waren gelehrte Herren. Scheurl kann keinen Satz schreiben, ohne dass das Ceterum censeo die Antike ist. Melanchthon lässt die Gedichte Anakreons von seinen Schülern in lateinische Verse bringen. Um so seltsamer ist, dass Cranach in dieser gelehrten Umgebung der deutsche Märchenerzähler blieb, nie daran dachte, nach archäologischer Echtheit zu streben. Man kennt jene Bilder des Quattrocento, auf denen Gozzoli die Helena als florentinisches Modepüppchen, Piero di Cosimo den Perseus als fliegenden Holländer — mit roten Trikots und blauem Waffenrock darstellt. Mit ähnlichem Auge hat Cranach in die Welt der Antike geschaut. Entweder er fasst die klassischen Legenden wie romantische Märchen aus der Ritterwelt auf — dermassen, dass sein Parisurteil lange als Scene aus der Tannhäusersage, auch als Scene aus der Legende Alfreds des Grossen gedeutet wurde. Oder er verlegt die Vorgänge ganz unbefangen in das Wittenberg seiner Tage, führt dieselben braven Mädchen, die in seinen Heiligenbildern als Kunigunde, Dorothea oder Elisabeth auftreten, auch unter mythologischer Etikette vor.

Maitressen pflegt jeder Serenissimus, auch wenn er noch so fromm ist, zu haben. Er ist es seiner Gesundheit schuldig, sich manchmal eine Schäferstunde zu leisten, nachdem er im Schweisse seines Angesichts regiert. Selbst der weise Friedrich von Sachsen trat aus seinem Phlegma heraus, als er die hübsche Hauptmannstochter Anna Weller von Mölsdorf entführte. „Frisch auf, mein Herz, sei unverzagt, die ich begehrt, hab' ich erjagt" lautet die Überschrift des Holzschnittes, der, wie es scheint, auf dieses Abenteuer Bezug hat. Und wenn man im Braunschweiger Museum das Bild „Herkules am Spinnrocken" betrachtet, meint man gleichfalls, der dicke Herr mit dem breit ausgestrichenen Bart und der weissen Nachtmütze, der da leutselig schäkernd im Kreise zuvorkommender, junger Mädchen sitzt, sei der Kurfürst Friedrich, der nach Jupiters Beispiel zu den Töchtern seines Landes herniederstieg. Ein Rebhuhn-Stillleben, das an der Wand hängt, weist darauf hin, dass die Scene in einem Jagdschlosse spielt. Fragonard hatte ja später die arkadischen Freuden Ludwigs XV. in ähnlich decenter mythologischer Verschleierung zu malen.

Doch seltsam. Der nämliche Herr mit dem breit ausgestrichenen sächsischen Kurfürstenbart kehrt in allen mythologischen Bildern wieder. Im Parisurteil, in einen schweren Stahlharnisch aus der kurfürstlichen Rüstkammer gehüllt, mimt er den phrygischen Hirten. In dem Bilde, das man das „silberne Zeitalter" nennt, hat er sich ausgezogen und haut als wilder Mann mit einem dicken Knüttel wütend auf seinen Gegner ein. In einem Berliner Bild spielt er die Rolle des Apollo, verzückten Auges auf die zierliche

Diana blickend. Und er hat auch Anlass verzückt zu sein. Denn Cranachs nackte Jüngferchen sind allerliebste Käfer. Cranach hat sicher in Wittenberg und Weimar wenig Gelegenheit gehabt nach dem nackten Modell zu arbeiten. Ward doch noch kürzlich aus der grossherzoglich - sächsischen Residenz ein armes Frauenzimmer, das sich durch Modellstehen ernährte, ausgewiesen, weil sie die Moral der Akademiker gefährdete. So weiss er vom weiblichen Körper nicht viel mehr, als dass er durch gewisse Details sich von dem des Mannes unterscheidet. Er ist ihm wie den alten Miniaturmalern ein Schreibeproblem, ein kalligraphischer Schnörkel. Der Leib des Mannes ist rötlich-braun, der der Jungfrauen weiss. Jene haben Haare an den Beinen, wahrend die Haut der Jüngferchen spiegelglatt und blitzblank ist. Doch gerade weil Cranach diese jungfraulichen Intimitäten nur vom Hörensagen kannte, hat er in seinen Bildern davon mit so verliebter Zärtlichkeit geträumt. Wahrend ihm zur Seite die sittenstrenge Barbara Brengebier sass, ähnlich den verhutzelten, alten Weiblein, die zum Jungbrunnen gefahren werden, lebten in seinem Kopf die holden Fatamorgana-Gestalten jener andern, die rechts verjüngt aus dem Becken emporsteigen. Die Quellnymphe des Kasseler Museums ist wohl der einzige nackte Körper, den Cranach nach der Natur gemalt hat. Eine ehrbare, recht blöde Dame hat ihm die Reize ihres Körpers enthüllt: einen Körper mit welkender, schlaffer Brust, mit Spitzbauch, dünnen, sehnigen Beinen, dicken, wie geschwollenen Knieen, Krampfadern, armseligen, durch das Strumpfband verdorbenen Waden und unglaublich hässlichen, frostbeulenbesäten Füssen. Doch seine andern Jüngferchen schuf er aus der Tiefe seines Gemüts heraus und hat gerade deshalb in diesen Werken Hymnen auf den weiblichen Körper von so unbeschreiblicher Zartheit gedichtet. „Altes Herz, was glühest du so." Das glaubt man ihn summen zu hören, während er an den Bildern malte. Man sehe nur die feschen Damen, die auf dem Parisurteil sich drehen und winden, von allen Seiten ihre feinen Körperchen zur Schau stellen, als wollte jede dem strengen Preisrichter zurufen: Nicht von vorne, nicht von hinten kannst du solche Mädchen finden. Man sehe die kleinen, festen, knospenhaften Busen, sehe die Grazie der Bewegung, sehe wie schämig jede das Allerheiligste deckt; sehe all die Florschleier, die die straffen Gliederchen umkosen, all die Rembrandthüte, Goldketten und Sammetbänder, die sie in so paradiesischer Unschuld ihrem niedlichen Evakostüm gesellen. Die duftige Waldlandschaft, die die Figuren umschliesst, steigert noch den würzigen Reiz der Bilder.

Und in diesen landschaftlichen Dingen liegt nun überhaupt Cranachs Grösse. In seinen Figurenbildern oft unzulänglich, nur auf historischem Wege zu verstehen, hat er als Landschafter eine Feinheit, eine Frische, die ihn über die Jahrhunderte hinweg mit den Bestrebungen der Ge-

genwart verbindet. Man schaue sich daraufhin seine Werke an. Gewiss, es giebt auch Bilder von Cranach, die einen ganz leeren, schwarzen Hintergrund haben. Manchmal sind Strassenpartieen aus dem engen, alten Wittenberg dargestellt: hochgiebelige Häuser, die ihre krausverzierten Erker neugierig in die krummen Gassen hinausbiegen. Und in dem Interieurbild, das den Kardinal Albrecht von Brandenburg als heiligen Hieronymus darstellt, hat er eine feine Mönchsidylle im Stile Carpaccios geschaffen. Mattes Sonnenlicht fällt durch die Butzenscheiben herein, spielt auf der Balkendecke, den schweren, eichenen Möbeln, den Bücherschränken, den Krügen und Zinntellern an der Wand. Doch wo er nur kann, setzt er die Personen in die freie Gottesnatur oder lässt, sogar bei Innenraumbildern, durch das Fenster auf ein Stück Landschaft blicken. Gleich das erste Werk, das man überhaupt von ihm kennt, das Porträt des Wiener Professors Stephan Reuss, ist ein Pleinairbild, stellt den Gelehrten nicht im Studierzimmer, sondern im Freien dar, wie er über einen schweinsledernen Folianten hinweg in das Grün der Landschaft hinausblickt. In seinen Madonnenbildern ist Maria fast immer so gesetzt, dass man an ihrem Köpfchen vorbei auf eine Felsenburg oder auf einen schönen alten knorrigen Baum schaut, an dem sich faserige Schlinggewächse emporranken. Selbst in Bildern, bei denen andere Meister nie an Landschaftliches gedacht hatten, erhebt sich bei Cranach stets das

Prachtexemplar einer alten Tanne oder eine Birke, deren Blättchen im Winde säuseln. Isaak wird geopfert. Das gab den italienischen Meistern nur Anlass, einen schönbewegten Jünglingskörper zu malen. Bei Cranach sieht man die Opferungsscene kaum. Man sieht ein paar Knechte, die mit ihrem Esel in einer Waldlichtung rasten. Oder Christus betet am Ölberg. Da kniet er vor einem Felsen zwischen krüpplichem Strauchwerk. Er wird gekreuzigt. Da erhebt sich neben dem Kreuzesstamm eine alte mächtige Tanne. Man meint, es sei ein Rückfall in die Urreligion; die heiligen Bäume der Germanen sollten den Kreuzesstamm von Golgatha überragen. Selbst in der Vorhölle giebt es grünes Buschwerk. Magdalena bereut ihre Sünden vor einem knospenden Ahornbaum. Jacobus blickt, während er sein Martyrium erduldet, auf schöne Bäume und Burgen. Ja, so sehr die deutschen Maler in ihren Stoffen gebunden waren, hat es bei Cranach doch den Anschein, als habe er mit Vorliebe solche Themen gewählt, die eine reiche Ausbildung des landschaftlichen Hintergrundes gestatteten. Er malt gern Adam und Eva, weil die Darstellung des Gartens Eden ihn reizt. Er malt die Ruhe der heiligen Familie auf der Flucht nach Ägypten, nur um das wohlige Gefühl zu schildern, das ein milder Wanderer hat, der in einer lauschigen, stillen Waldecke Rast macht. Einer seiner frühesten Kupferstiche zeigt die Busse des Chrysostomus: einen verwitterten, alten Einsiedler, der inmitten der deutschen

Lucas Cranach

Waldnatur neben Rehen und Eichhörnchen dahinlebt. Ein anderes feines Bild führt in das romantische Bergthal, wo der heilige Georg den Drachen tötet; wieder ein anderes in das weltferne Waldesdunkel, wo Hieronymus vor dem Kruzifix betet. Und grade dieser Sinn für das Waldweben macht uns Cranach so lieb. Weil er als erster — lange bevor Tieck das Wort geprägt — den Zauber der Waldeinsamkeit malte, wecken seine Bilder Empfindungen, die uns weder Jan van Eycks, noch Burgkmairs oder Grünewalds Werke geben. Denn alle diese Künstler gefielen sich in der Schilderung einer fernen exotischen, in den Farben prächtigen, in den Formen üppigen Welt. Jan van Eyck erzählte den Genter Bürgern von dem Schönen, was er auf seiner Reise in Portugal sah. Südliche Bäume erheben sich. Hochrote Rosen und blaue Trauben leuchten aus tiefgrünen Gehängen auf. Grünewald träumt von einem phantastischen Orient, von der sinnlich saftigen Natur der Tropen. Unter Palmen wandeln seine heiligen Gestalten daher. Durch die Werke Burgkmairs klingt das Mignonlied:

> Kennst du das Land wo die Citronen blühn,
> Im dunkeln Laub die Goldorangen glühn.

Und gewiss, sie sind wunderbar, die Cypressen-, Lorbeer- und Pinienhaine Italiens. Sie ist majestätisch, die römische Campagna mit ihren ernst feierlichen Linien. Doch wenn uns trotzdem im Süden zuweilen die Sehnsucht nach der Heimat packt, so ist der Grund der, dass wir den Wald vermissen. Die italienische Natur, trotz ihrer erhabenen Liniensprache, behält etwas Totes, plastisch Kaltes. Sie giebt uns die Empfindungen nicht, die wir zu Hause haben, wenn wir im Grünen uns lagern, neben dem krystallklaren Quell, der über moosumwucherte Felsblöcke rieselt; wenn wir dem Sonnenstrahl folgen, der durch die Baumkronen fällt, auf dem Farrenkraut, den Tautropfen, dem alten Wurzelwerk spielt. Nur in Deutschland konnte das Lied „Wer hat dich, du schöner Wald" entstehen. Nur im deutschen Märchen kommen alle jene Geschichten vor: von greisen Eremiten mit langem silberweissen Bart, die vor ihrer weltfernen Klause träumen; von Hänsel und Gretel, die sich im Walde verirren; von Rübezahl, der durch den Gebirgswald streift. Dieses Rauschen deutscher Eichen, diesen Geruch von Tannenzapfen möchten wir auch in den Bildern der Maler fühlen. Wir lieben von den Neueren Schwind und Thoma hauptsächlich deshalb, weil sie uns vom Weben, dem Märchenzauber des deutschen Waldes erzählen. Und wir lieben aus dem nämlichen Grunde Cranach.

Es ist nicht bekannt, wo er seine Jugend verlebte. 1472 in Kronach bei Bamberg geboren, taucht er erst als 32jähriger 1504 in Wittenberg auf, nachdem er vorher in Gotha, Nürnberg und Wien gewesen. Doch man stellt ihn sich gern vor, wie er als junger Mensch durch die kleinen Nester des

Thüringer Waldes streift, bald auf einer Ritterburg, bald in einer Köhlerhütte rastet. Auch später als Hofmaler klebte er nicht an der Wittenberger Scholle, sah nicht ausschliesslich sandige Ebenen um sich. Alle sächsischen Kurfürsten waren grosse Jäger vor dem Herrn. Überall hatten sie Jagdschlösser. Bald weilten sie in Lochau, bald in Schloss Hartenfels bei Torgau, bald auf der Koburger Veste. Und Cranach begleitete sie gewöhnlich, um, wie Velasquez später, „remarkable" Waidmannsthaten im Bilde festzuhalten. Auch in Eisenach, auf der Wartburg weilte er. Er sah das Annathal, wo drei Jahrhunderte später Schwind als Landschafter seine tiefsten Eindrücke erhielt. In die sächsische Schweiz ist er gleichfalls oft gekommen. Und von alledem erzählen seine Bilder.

Dürer, Altdorfer und Cranach — das sind die drei grossen Landschafter der Reformationszeit. Schon als junger Geselle, als er nach Italien wanderte, blickte Dürer mit frischem freiem Auge in die Welt, nahm überall sein Skizzenbuch zur Hand, wo sich ein malerischer Anblick bot. Und später, in die Heimat zurückgekehrt, ging er vor die Thore Nürnbergs hinaus, hielt alte Mühlen und Gehöfte, grüne Thäler und blaue Bergabhänge mit einer Unmittelbarkeit und Frische fest, die seinen Aquarellen eine ganz moderne, ganz impressionistische Note giebt. Altdorfer ist der Maler der Buchenwälder. In grüne Haien führt er, wo Klausner und Satyrfamilien rasten, Sonnenstrahlen durch die Kronen der Bäume rieseln und weiches Moos wie ein sammetener Mantel den Boden deckt. Cranach unterscheidet sich von dem vielseitigen Dürer dadurch, dass das Register seiner landschaftlichen Stimmungen ein viel beschränkteres ist; von Altdorfer, dem Regensburger Meister dadurch, dass es selten bei ihm Laubbäume, in der Regel nur Tannen giebt, dass er nicht das Weiche, Feuchte, Moosige, mehr das Krause, Zackige, Verkrüppelte liebt. Doch mit welch rührender Zartheit hat er in dieses eine Motiv sich versenkt. Wie sucht er jeder Pflanze, jedem Grashalm das Geheimnis ihres Daseins abzulauschen. Selbst wenn nur ein Ausschnitt gegeben ist, in den man durchs Fenster hinausblickt, ist dieses Stück Gottesnatur mit so schlichter Intimität gesehen, dass man an die Schöpfungen der allerfeinsten Modernen, an die Werke Thomas und Raiders denkt.

Deutschland ist ja das Land der alten Burgen. Hier dichtete Luther sein Lied „Ein feste Burg ist unser Gott". Hier dichtete Wagner: „Auf Bergeshöhe die Götterburg, prunkvoll prangt der prächtige Bau". So blicken auch bei Cranach fast auf jedem Bilde Burgen mit altersgrauen Türmen aus dem dunklen Grün der Tannen hervor. Zackige Felsen, steile Berge erheben sich. Ein Marterl ist aufgerichtet. Ein Fuhrmann mit seinem Lastwagen, ein Landsknecht mit Hellebarde kommt auf dem steilgewundenen Bergweg daher. Und aus diesen Felsen wachsen die schmalen, höckerigen, zinnengekrönten Türme so organisch, so selbstverständlich heraus, als seien sie gar nicht von Menschenhand, sondern von der Natur selber dahingesetzt, als wären sie der grosse Accent zu den Linien der Landschaft. Da ist die Fallbrücke mit den schweren eisernen Ketten, dort das Burgverliess, in dem Gefangene schmachten, dort der Söller, von dem das Schlossfräulein dem zur Fehde ausreitenden Ritter den Gruss zuwinkt. Und an der Burg vorbei blickt man auf fichtenbewaldete Höhen und stille sonnige Wiesen, auf denen am Spätnachmittag Rehe grasen. Oder es erheben sich strohgedeckte Blockhütten und kleine hochgiebelige Bauernhäuser mit schmalen vergitterten Fenstern. Ein Mühlrad plätschert. Eine morsche Brücke führt über einen rauschenden Bergfluss. Weiden beugen ihre Zweige in einen sumpfigen Graben herab. Vorn aber stehen deutsche Bäume wie ernste nordische Persönlichkeiten da. Alte Tannen und Kiefern starren auf, an deren Ästen graues Flechtenmoos hängt. Eine Birke mit silberweissem Stamm und hellgrünen Blättchen wiegt sich zitternd im Äther. Neben dunkelgrünem Strauchwerk, harzbedeckten Baumstümpfen und knolligem Wurzelwerk wachsen krauslinige Pflanzen: Akelei, Löwenzahn, Farrenkraut. Oder ein halbabgestorbener Baum streckt seine Zweige wie stachelige Wurfspiesse aus — ganz wie ein alter Vierzehnender sein Geweih. Verkrüppeltes Buschwerk und hohes Binsengras grünt in den Felsrissen. Libellen schwirren, Eidechsen huschen daher. Zuweilen beugt auch eine dicke Schneelast die Äste der Kiefern nieder. Und das alles strömt einen so kräftigen Ozongeruch aus; so ernst und weihnachtlich stehen die Tannen da, dass man sich gern den „Herrn Winter" hinzudenkt, den in Pelz gemummten, mit Geschenken beladenen Nikolaus, der auf dem Holzschnitte Schwinds daherkommt. Man denkt an Christstollen und Nikolauszöpfe, an Hampelmänner und Schaukelpferde, glaubt kleine Kinder zu sehen, die strahlenden Auges in den Lichterglanz des Christbaumes blicken.

Und neben den Eremiten, die in diesem Waldesdickicht hausen, treiben sich die Tiere des deutschen Waldes umher. Cranach, der mit seinen jagdlustigen Fürsten an allen Freuden des Waidwerks teilnahm, war auch ein Tiermaler sonder gleichen. Die grossen Jagdstücke, die er nach alten Berichten für die Schlösser der Ernestiner malte, sind zwar nicht erhalten. Doch viele Holzschnitte giebt es, die von Hirschjagden, Sauhatzen und anderen Nimrodthaten erzählen. Schmetternde Trompetenklänge ertönen, die Pferde wiehern, die Hunde bellen, aufgescheucht hetzt das edle Wild dahin. Auch die Handzeichnungen, die er für das Gebetbuch Kaiser Maximilians lieferte, unterscheiden sich von denen der anderen Meister dadurch, dass sie ausschliesslich Tiergruppen — kämpfende Hirsche, Fischreiher, Eber, Fasanen, Rebhühner — darstellen. Und den Jäger, der mit der Flinte im Arm durch die Fluren streift, fühlt man aus den biblisch - mythologischen Bildern nicht minder deutlich heraus. Manchmal sind die Tiere, die er malt, überaus komisch. Der Löwe, der auf einem Merseburger Bilde dem heiligen Hieronymus die Tatze reicht, sieht mehr aus, wie die Karikatur eines Pavians. Man merkt, dass ihm hierbei die Kenntnis des Thatbestandes fehlte. Aber die Tiere des deutschen Waldes, auch die Tiere des Ackers, kennt er aus dem ff. Mag es um Hirsche und Rehe, um Auerhähne und Rebhühner, um Wachteln oder Rohrdrosseln, um Eichhörnchen, Hasen oder Füchse sich handeln, alles ist mit der Sachlichkeit des Oberförsters, mit der Scharfäugigkeit des Bruno Liljefors gegeben. Und nie sind — wie noch Pisanello es that — die Tiere willkürlich vor eine landschaftliche Coulisse gesetzt. Nein, der Wald ist ihr Heim, Natur und Tierwelt klingen zu einheitlichem Accord zusammen.

Hat man aber einmal diesen Gleichklang bemerkt — die Ähnlichkeit zwischen den Hirschgeweihen und den Ästen der Bäume — so hat man noch weiter das Gefühl, dass auch die Götter und Heiligen bei Cranach Waldmenschen sind, Wesen, die gar nicht anderswo als im krausen Walddickicht leben können. Es ist gewiss kein Zufall, dass in allen seinen Bildern Knüttel und Holzstämme eine so wichtige Rolle spielen. Sein Lieblingsheiliger ist der Riese Christoph, der sich so schwer und massig auf seinen derben Holzknüttel stützt. Er malt die Kaiserin Helena, die den dicken Stamm des heiligen Kreuzes umfasst, lässt kleine

Engel bei der „Pietà" schwere hölzerne Kreuze heranschleppen. Auch das Thema „Christus zwischen den Schächern" ist ihm namentlich deshalb lieb, weil es Gelegenheit giebt, drei dicke hohe Holzbalken aufzurichten. Eine schwere hölzerne Leiter ist womöglich noch an den Stamm gelehnt. Aus ungehobelten Holzlatten ist das Betpult zusammengenagelt, an dem Hieronymus seine Andacht verrichtet. Und etwas von der Natur dieses Holzes scheint auch auf die Heiligen überzugehen. Man sieht ja jedem Menschen an, was er ist; erkennt den Kommerzienrat ebenso wie den Viehhändler, den Professor ebenso wie den Oberförster. Bei Cranach ist es, als ob alle seine Menschen Oberförster, Forstgehilfen und Waldbauern wären. Wie aus Holz geschnitzt sehen sie aus: knorrig, struppig und holperig wie verwitterte alte Tannen. Ist Gottvater oder der Kaiser Heinrich dargestellt, so gleicht ihr straffer geringelter grauer Bart dem Flechtenmoos, das zur Herbstzeit an alten Bäumen flattert. Die Haut des Hieronymus ist schartig und verhutzelt wie geborstene Baumrinde. Auf der warzenbedeckten Nase des Sanct Sebald scheinen Blattläuse ihr Nest zu bauen. Josephs knochige Finger gleichen kralligen Baumästen. Und die Engelchen auf der Flucht nach Ägypten wirken wie Libellen oder Schmetterlinge, die statt des Raupenleibs einen Kinderkörper tragen. Alle hält der Waldzauber gebannt. Das Dickicht des Waldes hat ihnen die Form, die Farbe gegeben, so wie ein Rebhuhn, ein Auerhahn, ein Fasan die

Farben des Bodens annehmen, wo sie leben.
  Sind aber die Gestalten des Mythus nicht auch nur Naturstimmungen, die zu plastischer Form sich verdichteten? Ist's nicht ein seltsames Gefühl, das den einsamen Wanderer überkommt, der im Dunkel der Nacht durch alte Holzungen schreitet? Irrlichter huschen da über den sumpfigen Boden. Gnomen in brauner Kutte kriechen aus den Felsspalten hervor. Der weiche Nebel, der über den Weihern lagert, nimmt die Form zarter tanzender Elfen an. Der verfaulte Baumstumpf, der im Monde leuchtet, ähnelt einem glühäugigen Einhorn, auf dessen Rücken eine schneeweisse Jungfrau sitzt. Erst im 19. Jahrhundert, von Schwind, wurde diese Märchenseele des deutschen Waldes entdeckt. Erst Boecklin sah die Gestalten, die im „Schweigen des Waldes" leben. Doch die ersten Ansätze zur Waldphantastik sind schon bei Cranach zu finden. Man sehe die seltsamen Vögel mit dem Menschenkopf, die auf dem Hieronymusbilde sich im Weiher spiegeln, sehe die Quellnymphe, die am rieselnden Bache lagert, die wilden Männer, die auf dem Eifersuchtsbilde sich bekämpfen, das neckische Waldfräulein, das im Apollobild auf dem Rücken des Hirsches sitzt. Während er antike Bilder zu malen glaubte, hat er deutsche Waldmären gedichtet. Aus den Fabelwesen der Hellenen sind die geworden, die wir aus Grimms Volksmärchen, aus „Des Knaben Wunderhorn" kennen. Und in Bildern der Art hat Cranach sein Bestes gegeben. Nicht als der Maler

der Reformation, nein als der deutsche Märchenerzähler, als der Schilderer der deutschen Waldnatur lebt er fort.

Lucas Cranach

VERZEICHNIS DER HAUPTWERKE

Unter Einschluss derjenigen, die vielleicht von Hans oder dem jüngeren Lucas Cranach herrühren.

ASCHAFFENBURG, Schlossgalerie:
Die heilige Sippe. Magdalena. Ursula.

BERLIN, Kgl. Gemäldegalerie:
Heil. Hieronymus.
David und Bathseba.
Kardinal Albrecht als Hieronymus. Apollo und Diana.
Jungbrunnen.
Ruhe auf der Flucht nach Ägypten.

BRAUNSCHWEIG, Museum:
Herkules unter den lycischen Mädchen.

BRESLAU, Dom:
Madonna.

BUDAPEST, Nationalgalerie:
Verlobung der Katharina. Der lüsterne Alte.

CHEMNITZ, Schlosskirche:
Martyrium des Jacobus.

DARMSTADT, Museum:
Kardinal Albrecht als Hieronymus.

DRESDEN, Galerie:
Bethlehemitischer Kindermord.
Christus am Ölberg.
Katharina und Barbara.
Luther.
Melanchthon.

ERFURT, Dom:
Verlobung der Katharina.

FLORENZ, Uffizien:
Selbstbildnis.

GLOGAU, Dom:
Madonna.

GOTHA, Museum:
Urteil des Paris.

GRIMMA, Gottesackerkirche:
Altar mit der Nikolauslegende.

HALLE, Marienkirche:
Marienaltar.

INNSBRUCK, Ferdinandeum:
Madonna.

CASSEL, Galerie:
Quellnymphe.
Das silberne Zeitalter.

KOBURG, Veste:
Lucretia.

KOPENHAGEN, Museum:
Urteil des Paris.

LEIPZIG, Museum:
Der Sterbende.

LEIPZIG, Stadtbibliothek:
Luther als Junker Jörg,

LONDON, National-Gallery:
Portrait eines jungen Mädchens.

MAINZ, Bischöfliches Palais:
Ecce homo.

MEISSEN, Dom:
Ecce homo.

MERSEBURG, Dom:
Altarwerk mit Maria und Katharina.

MÜNCHEN, Pinakothek:
Lucretia.

NÜRNBERG, German. Museum.
Portrat des Stephan Reuss.

PETERSBURG, Ermitage:
Venus und Amor.

SCHLEISSHEIM, Galerie:
Christus am Kreuz.

SCHWERIN, Galerie:
Venus und Amor.

Lucas Cranach

STRASSBURG, Museum:
Kreuzigung.

TORGAU, Marienkirche:
Die 14 Nothelfer.

WARTBURG bei Eisenach:
Luthers Eltern.

WEIMAR, Museum:
Sibylle von Cleve als Braut.
Das silberne Zeitalter.

WIEN, Kunsthistorisches Museum.
Das Paradies.

WIEN, Galerie Liechtenstein:
Die heilige Helena.
Abrahams Opfer.

WÖRLITZ, Gotisches Haus:
Verlobung der Katharina.
Heil. Georg.

ZWICKAU, Katharinenkirche:
Altarwerk mit Fusswaschung.

Richard Muther
Lucas Cranach
1. Ausgabe, 1. Auflage
Umschlag: Anne Katharina Rasmussen
Umschlagfoto: Gerhard Glaubig
Satz: Mikkel Bo Rasmussen
Druck als book on demand, 2015
ISBN: 9783734798481
Herstellung und Verlag:
BoD-Books on Demand, Norderstedt